Cäcilie, die Orgelmaus

und die neue Orgel der
St. Matthäus-Kirche

von Dorothea Blösch
Illustration: Anne Blösch
Satz & Layout: Thea von Rüden

Herausgeberin:
Gemeinde St. Matthäus, Erlangen

Cäcilie, die Orgelmaus

In Erlangen lebte einst eine arme Kirchenmaus namens Cäcilie. Sie hatte ein nettes Quartier im Inneren der Orgel der Matthäuskirche eingerichtet, die 1960 erbaut worden war.

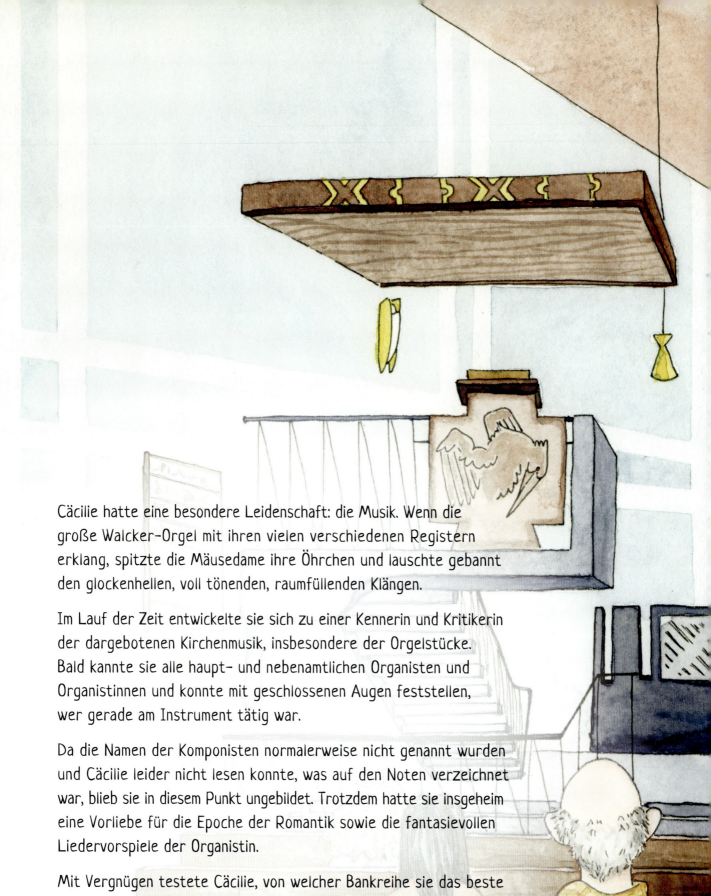

Cäcilie hatte eine besondere Leidenschaft: die Musik. Wenn die große Walcker-Orgel mit ihren vielen verschiedenen Registern erklang, spitzte die Mäusedame ihre Öhrchen und lauschte gebannt den glockenhellen, voll tönenden, raumfüllenden Klängen.

Im Lauf der Zeit entwickelte sie sich zu einer Kennerin und Kritikerin der dargebotenen Kirchenmusik, insbesondere der Orgelstücke. Bald kannte sie alle haupt- und nebenamtlichen Organisten und Organistinnen und konnte mit geschlossenen Augen feststellen, wer gerade am Instrument tätig war.

Da die Namen der Komponisten normalerweise nicht genannt wurden und Cäcilie leider nicht lesen konnte, was auf den Noten verzeichnet war, blieb sie in diesem Punkt ungebildet. Trotzdem hatte sie insgeheim eine Vorliebe für die Epoche der Romantik sowie die fantasievollen Liedervorspiele der Organistin.

Mit Vergnügen testete Cäcilie, von welcher Bankreihe sie das beste Klangerlebnis hatte. Dabei war sie noch nie erwischt worden! Nach einem großen Konzert, bei dem sie ihr Versteck nahe der Kanzel gewählt hatte, musizierten dort – Blechbläser! Ihre Ohren gellten noch Tage später.

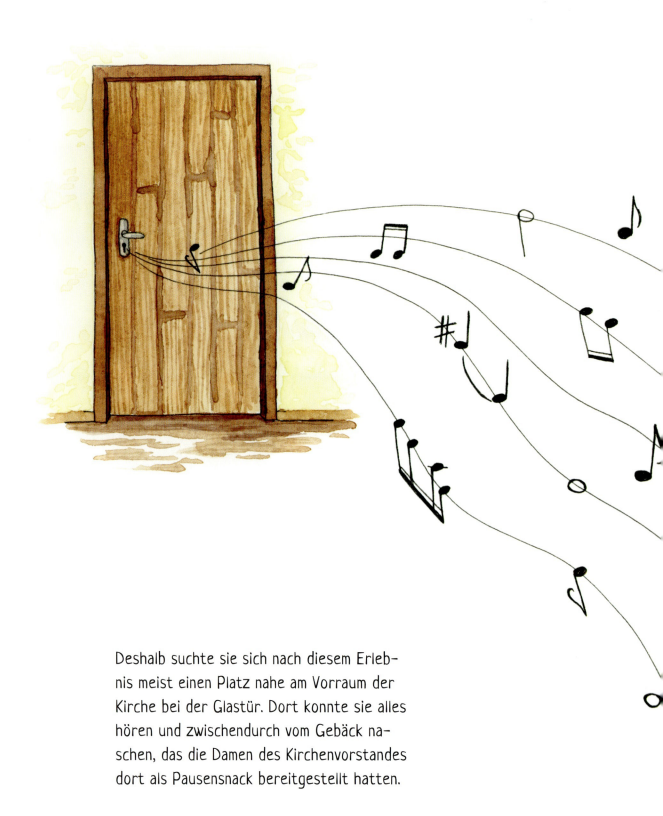

Deshalb suchte sie sich nach diesem Erlebnis meist einen Platz nahe am Vorraum der Kirche bei der Glastür. Dort konnte sie alles hören und zwischendurch vom Gebäck naschen, das die Damen des Kirchenvorstandes dort als Pausensnack bereitgestellt hatten.

Bei einem ihrer seltenen Ausflüge in den Pfarrgarten lernte Cäcilie eines Tages den netten Mäuserich Anton kennen, der dort unter einem Rosenstrauch ein Loch gegraben hatte. Sie zeigte ihm ihre Wohnung in der Kirche. Davon – und von der hübschen Cäcilie – war er so angetan, dass er um ihre Hand anhielt. Bald darauf planten die beiden ihre Hochzeit und die Gründung einer Familie.

Auch Anton freute sich an den vielen musikalischen Darbietungen im Kirchenraum. Allerdings brachte er dem königlichen Instrument, der Orgel, nicht so viel Respekt entgegen wie Cäcilie. Er kletterte auf den Tasten herum und fand dahinter und bei den Ventilen weichen Filz, der sich optimal zum Auspolstern des zukünftigen Kinderzimmers verwenden ließ.

Bald war das Nest gebaut, in dem sich kurz darauf fünf winzige Mäusebabys tummelten.

Nun waren die Eltern pausenlos damit beschäftigt, die Brut zu versorgen. Während Cäcilie die Kinder säugte, rannte Anton emsig durch die Kirche und hinaus in den Pfarrgarten, ja sogar bis ins Gemeindehaus, um nahrhaftes Essen für seine liebe Frau zu entdecken und nach Hause zu schaffen. Die schnell wachsenden Jungen waren schließlich selber so weit, auf Entdeckungsreise und Nahrungssuche zu gehen.

Doch welch schöner Spielplatz thronte direkt vor ihrer Behausung? Die majestätische Orgel, die die Kleinen anfangs noch einschüchterte, doch ihnen bald vertraut wurde.

In den Stunden, in denen sich kein Mensch in der Kirche befand, wurde das Instrument von der Kinderschar erkundet. Cäcilie gab die Erlaubnis dazu, denn sie hoffte insgeheim, dass einer ihrer Nachkommen ihre Musikalität geerbt hätte und vielleicht sogar das Tastenspiel erlernen könne.

Doch leider gelang es den Kleinen nicht, durch Herumrennen oder Hüpfen auf der Tastatur Töne zu erzeugen, da der Motor der Orgel stets ausgeschaltet war und ohne das elektrische Gebläse keine Luft in die Pfeifen gelangen konnte.

Da konnten die Mäuse noch so sehr herumhopsen!

Einmal sprang der kleinste Mäuserich, der übermütige August, von Pfeife zu Pfeife, bis er schließlich kopfüber in eine Öffnung hineinpurzelte.

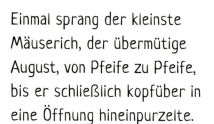

HILFEE!

… hörte seine Familie ihn leise fiepen. Doch wie sollte man ihn dort hinausbekommen? Die kleine Öffnung mit dem verbogenen Stück Blech am unteren Ende der Pfeife, wo der Ton entsteht, war viel zu schmal, um August wieder herausschlüpfen zu lassen.

Cäcilie hatte eine Idee. „Warte, bis nachher jemand Orgel spielt. Dann kann ich dir vielleicht helfen!"

Gesagt, getan. Kaum nahte die Organistin, ließ Cäcilie ihren langen Schwanz von oben in die Pfeife hängen. „Wenn die Orgel erklingt, wird Dich der Luftstrom anheben. Dann pack schnell meinen Schwanz, halte Dich daran fest und klettere aus der Öffnung!" riet sie ihrem Sohn.

Tatsächlich spürte dieser plötzlich einen starken Windstoß, der der Pfeife einen lauten Ton entlockte. „Jetzt!" rief seine Mutter. August ließ sich von der Böe hochheben, ergriff den kräftigen Mauseschwanz und hangelte sich daran durch die enge Öffnung. „Puh, geschafft!" ächzte er.

Geraldine, eine der Töchter von Cecilie und Anton, spielte mit ihren Geschwistern zwischen den Pfeifen „Verstecken" und riss sich den Fuß an einem Holzsplitter auf. „Seid vorsichtig beim Spielen in der Orgel!" warnten die Eltern ihre Kinder immer wieder. „Das Instrument besteht aus altem Holz, das nicht mehr stabil ist."

Dass die Orgel alterte, merkten die Mäuse auch, als bei einem Gottesdienst plötzlich das Instrument mitten im Lied verstummte und keinen Ton mehr von sich gab, obwohl die Organistin sich verzweifelt bemühte, Knöpfe drückte und zog, Schalter betätigte und nach der Sicherung sah. Der Strom war wohl ausgefallen. Aber wieso? Da musste erst ein freundlicher Herr kommen, der die Elektrik wieder in Gang setzte.

Aber da war der Gottesdienst schon vorbei, und der Gesang der Gemeinde hatte ganz dünn und unsicher geklungen.

Es traten immer öfter Mängel auf: Mal versagte ein Register, mal klangen Töne verstimmt. Auch ein paar kleinere Pfeifen fielen in sich zusammen, so dass keine Luft mehr durchgeblasen werden konnte. Einmal ertönte ein Dauerton wie eine laute Hupe.

„Euer Spielplatz ist nicht mehr sicher", warnte Cäcilie ihre Familie. Als eine Pfeife einfach umkippte, während die Mäusekinder neben ihr umhertobten, befahl Cäcilie ihren Kindern, sich einen anderen Ort zu suchen, da sie Lebensgefahr befürchtete.

Die Wohnung verlegte sie in die angrenzende Sakristei, wo sich ein kleines, verlassenes Mauseloch hinter einem Regal befand, das nach ein paar Renovierungsarbeiten doch recht gemütlich wurde.

Auch die Menschen, die sich regelmäßig in der Kirche aufhielten, bemerkten, dass mit ihrem Instrument etwas nicht in Ordnung war. Bald gab es keine Orgelkonzerte mehr, da man nicht sicher sein konnte, ob ein Teil oder das ganze Instrument während eines Stückes plötzlich den Geist aufgab. Das war sehr schade, denn die Mäuse und Menschen hatten sich immer an wunderbarer Orgelmusik erfreut.

Ein Orgelsachverständiger wurde bestellt und untersuchte die Bestandteile des Instruments. „Leider wurden keine hochwertigen Materialien für den Orgelbau verwendet, nur Pressspan statt Massivholz. Das Instrument ist nicht mehr reparierbar!" lautete seine Diagnose.

Die Mäuse waren betrübt. Sollten sie nun ohne die schöne, brausende Musik leben und sich mit dem zirpenden Cembalo begnügen? Doch ein Gespräch zwischen der Organistin und dem Pfarrer machte ihnen Mut. „Wir brauchen eine neue Orgel!" meinten diese. „Wenn der Kirchenvorstand zustimmt, wollen wir eine bestellen. Irgendwie werden wir das Geld dafür schon zusammenkriegen!"

Nun folgte eine lange Zeit, in der die Orgel nur noch zu Gottesdiensten erklang. Für kammermusikalische Konzerte musste das zirpende Cembalo mit Flöten und Streichinstrumenten herhalten. Die Gemeinde bemühte sich mit allen Mitteln, Geld für eine neue Orgel aufzutreiben, zum Beispiel durch Musiker, die für diesen guten Zweck umsonst auftraten.

Besonders lustig fanden die Mäuse das Benefizkonzert eines Kunstpfeifers, der nur mit seinem Mund unter Verwendung eines Mikrofones die tollsten, virtuosesten Stücke aus sämtlichen Stilepochen pfiff.

Zum Glück merkten die Zuhörer nicht, dass aus der Sakristei der Chor der Mäuse begeistert mitpfiff und -piepste. Sonst wären die kleinen Kirchenbewohner bestimmt entdeckt worden!

Endlich war durch viele Konzerte, Verkäufe und andere Aktivitäten sowie durch Spenden der größte Teil des benötigten Geldes zusammengekommen. Die Mäuse hatten bemerkt, dass im hinteren Teil der Kirche eine Tafel aufgestellt worden war, auf der die Orgelpfeifen dargestellt und mit Spendernamen beklebt waren. Das Bild zeigte die übernommenen Patenschaften für bestimmte Pfeifen.

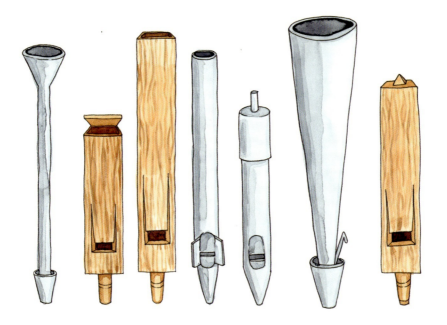

Eines Tages beobachtete Cäcilie, dass ein Trupp Männer in Arbeitskleidung anrückte und begann, die alte Orgel zu zerlegen. Zuerst schleppten sie die großen Holzteile weg und stapelten sie in einem Wagen vor der Kirche. „Achtung, der Prospekt wird wiederverwendet!" riefen sie sich zu. Was für ein Prospekt? Cäcilie dachte an einen Katalog, doch offensichtlich meinten die Arbeiter damit die blau-goldene Holzfassade der Orgel, die eine markante Dreiecksform mit einem Turm in der Mitte bildete und die langen Pfeifen umrahmte. Manche Betrachter hatten schon geäußert, die Form erinnere an eine ägyptische Pyramide oder ein Indianerzelt.

Dann kamen die Pfeifen dran. Immer zu zweit trugen die Arbeiter die großen Metallröhren, von denen manche mehrere Meter lang waren. Das war ein Geklopfe und Gehämmere in der Kirche! Auch elektrische Bohrmaschinen und ähnliche Werkzeuge wurden eingesetzt. Der Krach dauerte viele Tage. Feiner Staub von den Bauarbeiten gelangte sogar bis in die Sakristei. Cäcilie und ihre Familie deckten ihr Mauseloch mit einem Stückchen Stoff ab, um nicht so viel husten zu müssen.

Unter den Pfeifen waren Kästen, die Cäcilie an Besteckschubladen erinnerten. Bloß hatten diese in der Oberfläche Löcher, in denen vorher die Pfeifen gesteckt hatten. Um zu erfahren, was es mit diesen komischen Kästen auf sich hatte, belauschte Cäcilie die Arbeiter. Einer erklärte einem anderen, der offenbar das erste Mal eine Orgel auseinandernahm: „Das sind die Windladen. Hier wird die Luft aus dem Windkanal geblasen und verteilt. Wenn die Organistin ein Register zieht, werden bestimmte Löcher abgedeckt oder offen gelassen. Durch die Tasten werden lange Holzleisten, die Abstrakten, bewegt, die die richtigen Pfeifenventile öffnen, so dass Luft durchströmen kann."

Cäcilie fand, dass das recht kompliziert klang. Sie griff sich eine der ganz kleinen Pfeifen, die genau in ihre Pfoten passten und blies mit dem Maul kräftig hinein. Ein hoher, leiser Ton erklang. Sie hatte schon vor langer Zeit herausgefunden, dass man nicht in den geraden Seitenschlitz, das Labium, blasen musste, sondern von unten in den Pfeifenfuß, wenn man einen Ton hervorlocken wollte. Hinten waren die Pfeifen ein Stückchen eingeschnitten, so dass der Orgelbauer durch vorsichtiges Abrollen des Metallstreifens die Pfeife stimmen konnte.

Cäcilie nahm sich vor, mit ihrer Familie zurückzukommen und ein Konzert mit dem letzten Register zu blasen, das noch auf einer Windlade stand. Gesagt, getan. Als die Arbeiter abends verschwanden und nur noch wenige Pfeifen herumstanden, trippelten die Kirchenmäuse heran und beäugten die allerkleinsten Pfeifen, von denen die winzigste nur elf Millimeter maß. Manche sahen schon recht verbogen aus. Jedes Mäuschen suchte sich eine Pfeife aus und zog sie mit einem Ruck aus dem Loch, in dem sie steckte. Dann wurde hineingeblasen. Gleichzeitig, nacheinander, laut und leise. Die Tiere hatten richtig Spaß dabei!

Doch plötzlich ertönte ein Geräusch an der Kirchentür!

Wie ein Blitz warfen die Mäuse ihre Instrumente zu Boden und flüchteten in sämtliche Verstecke, die sie kannten.

Nun erschienen die Organistin und die Mesnerin, die anscheinend etwas suchten. In einer Kirchenbank fanden sie eine Tasche mit Noten. „Wie geht es denn mit dem Orgelabbau voran?" fragte die Organistin. „Ganz flott!" meinte die Mesnerin. „Es sind schon fast alle Pfeifen weg. Aber was ist denn da passiert? So eine Unordnung!" und sie zeigte anklagend auf mehrere kleine Metallpfeifen, die verbeult auf dem Boden lagen. „Vielleicht waren die ja schon kaputt!" meinte die Organistin und hob eine auf. „Ist ja lustig! Das sieht fast aus, als hätte jemand daran genagt! Aber die alten Pfeifen kommen sowieso weg."

Wie schade, dass die Organistin nie erfahren würde, welch lustiges Kirchenkonzert die Mäusefamilie veranstaltet hatte!

Als nur noch die Orgelbank, die drei Manuale mit den Tasten und der Motor der Orgel im Raum standen, sah die Kirche furchtbar leer aus. Auch diese letzten Bestandteile wurden sorgfältig von den Arbeitern zerlegt und abtransportiert. Nun lag nichts außer Sägespänen und Staub hinter dem Altar der Kirche. Die Orgel hatte eine riesige Lücke hinterlassen. Dadurch, dass sie direkt hinter dem Altar aufgeragt hatte, hatte die Gemeinde immer auf sie geblickt und jetzt befanden sich dort nur ein leerer Raum und eine weiße Wand.

Nachdem alles gekehrt und gesaugt worden war, trugen vier starke Männer einen großen Konzertflügel herbei und stellten ihn in den Raum. Damit wurden jetzt die Gottesdienste begleitet. Gleich beim ersten Einsatz des Instrumentes wurde eine freundliche Dame begrüßt, die den Flügel gestiftet hatte. Er klang sehr schön, konnte eine Orgel aber nicht wirklich ersetzen. „Unsere Orgel war vielseitiger und konnte mal wie Glöckchen klingen, mal wie ein gewaltiger Sturm brausen", meinte Cäcilie. „Ob wir wohl wirklich eine neue bekommen werden?"

Doch eines Tages war es soweit. Große Lastwagen parkten vor der Kirche. Zuerst wurde ein hölzernes Fundament errichtet und ein Gerüst aufgebaut. Das Gehäuse hatte dieselbe Form und Farbe wie das vorige, allerdings saßen die Orgelbank und der Spieltisch diesmal in der Mitte der Orgel, nicht an der Seite wie zuvor. Hinter den Prospekt kam jetzt ein mehrstöckiger begehbarer Kasten mit vielen Windladen, Windkanälen, Schläuchen, Elektrik und Abstrakten, aber jetzt ragten glänzende, metallene Pfeifen viel weiter in die Höhe als früher und blitzten hinter der blaugoldenen Holzfassade silbern hervor. Überhaupt war alles blitzeblank!

Neugierig begutachteten die Mäuse die großen und kleinen Pfeifen aus Metall und Holz. Cäcilie verbot ihren Kindern diesmal, die Pfeifen aus der Windlade zu entfernen und hineinzublasen. „Macht nichts kaputt und nagt die Filze nicht ab! Lasst uns erstmal abwarten, wie das neue Instrument klingt!" befahl sie.

Es war eine Geduldsprobe für die Mäuse und Menschen, bis die vielen Einzelteile endlich montiert waren. Schläuche, elektrische Leitungen, die langen und dünnen Abstrakten, die die Tasten mit den Pfeifen verbinden, all das wurde in Handarbeit von mehreren Orgelbauern angebracht.

Und als das riesige Puzzle dann zusammengesetzt war, wurde mehrere Wochen lang intoniert. Das heißt, jede einzelne Pfeife wurde genau so auf den Kirchenraum abgestimmt, dass Klangfarbe und Lautstärke genau zusammenpassten, und die Pfeifen wurden gestimmt.

Das sah kompliziert aus. Manche Pfeifen mussten gekürzt werden, an manchen musste der sogenannte Pfeifenmund etwas gebogen werden.

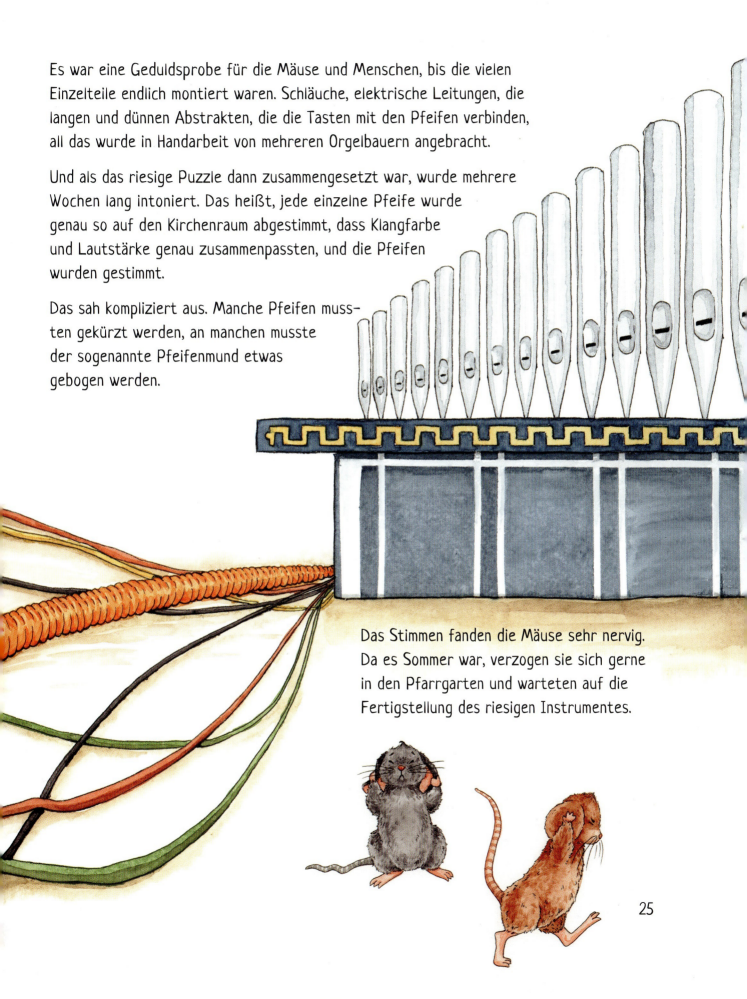

Das Stimmen fanden die Mäuse sehr nervig. Da es Sommer war, verzogen sie sich gerne in den Pfarrgarten und warteten auf die Fertigstellung des riesigen Instrumentes.

Endlich war der große Tag gekommen! Die Menschen strömten von fern und nah herbei. Ein riesiges Fest wurde gefeiert. So voll hatten die Mäuse die Kirche sonst nur an Weihnachten erlebt. Alle Zuhörer saßen gespannt in den Bänken und warteten auf die Organistin.

Da kam sie, setzte sich schwungvoll auf die Orgelbank, blätterte in einem Notenheft und stellte mehrere Register mit den Händen und Füßen ein. Nach einem Moment vollkommener Stille ertönte die neue Orgel volltönend, brausend und wunderschön. Cäcilie überlief eine Gänsehaut. Das Instrument jubilierte, brillierte und konnte auch ganz leise Glöckchentöne hervorbringen.

Die Mäusefamilie klatschte mit den Zuhörern begeistert Beifall. Als die Reden der Würdenträger begannen, schlüpften die Tiere leise aus der Kirchentür hinaus. Draußen sah Cäcilie alle streng an. „Diese wunderschöne Orgel ist so kostbar, dass ihr sie in Ruhe lasst und nicht mehr darin spielt, verstanden? Ich will auch nicht, dass ihr euch an den Filzen vergreift! Fühlt euch bevorzugt, dass Ihr ihr immer lauschen dürft!" Gehorsam nickten Anton und die Kinder.

Und sie haben sich bis heute an ihre Vereinbarung gehalten.

„Eine kleine Orgelkunde" – Text von Susanne Hartwich-Düfel

Eine Übersicht:

Drei Manuale auf dem Spielpult

Tasten auf einem Manual

Pedal für die tiefsten Töne

Zungenpfeifen

Labialpfeifen

Rohrblatt

Die neue Klais-Orgel der St. Matthäuskirche hat 44 Register, drei Manuale und ein Pedal.

Register

REGISTER: Ein Register ist eine Reihe von Pfeifen gleicher Bauart und mit gleichem Klangcharakter. Nur wenn an einem Registerknopf gezogen wird, sind die Pfeifen dieses Registers hörbar, sobald auf den Tasten gespielt wird.

PFEIFEN: Die Pfeifen sind entweder rund aus Zinn und Blei oder eckig aus Holz gebaut.

Es gibt sogenannte Labialpfeifen, die ähnlich wie eine Blockflöte funktionieren...

.. und Zungenpfeifen, die mit einem Rohrblatt ähnlich wie eine Klarinette gebaut werden.

Zu den Labialpfeifen gehören beispielsweise die Prinzipalpfeifen: diese gibt es in allen Größen, sie sind gerade gebaut und klingen kräftig.

Grundsätzlich gilt: Je größer eine Pfeife ist, desto tiefer klingt sie – je kleiner eine Pfeife ist, desto höher.

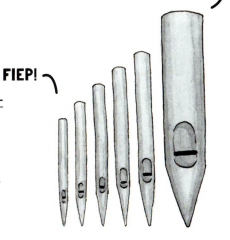

Weil die Orgelbaukunst sich schon vor vielen hundert Jahren entwickelt hat, misst man die Länge der Pfeifen nicht wie heute in Metern und Zentimetern, sondern in „Fuß". Ein Fuß entspricht ca. 30 cm.

1 Fuß = 30 cm

Die Angabe der Register bezieht sich immer auf die tiefste Pfeife, den Ton C. So bedeutet „Principal 16´" (Fuß) beispielsweise, dass das C dieser Prinzipalpfeifenreihe 16 Fuß – also rund fünf Meter – lang ist!

Die neue Orgel der St. Matthäuskirche besitzt insgesamt 2.425 Pfeifen. Die größte Pfeife ist ca. 6 Meter lang, die kleinste weniger als einen Zentimeter!

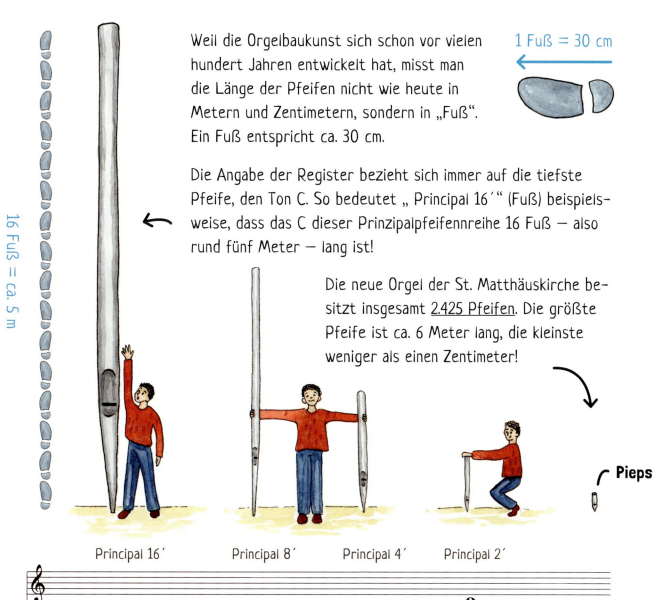

So viele verschiedene Pfeifen!

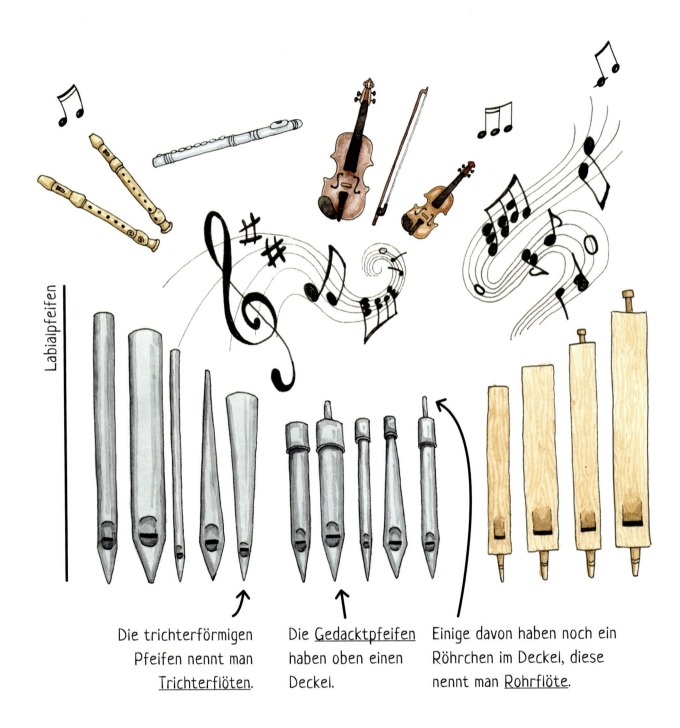

Die trichterförmigen Pfeifen nennt man Trichterflöten.

Die Gedacktpfeifen haben oben einen Deckel.

Einige davon haben noch ein Röhrchen im Deckel, diese nennt man Rohrflöte.

Dicke Labialpfeifen (wie z.B. die „Flaut d´amour") klingen weich und füllig, eher wie eine Querflöte. Zusammen mit anderen Pfeifen, deren Klang an eine Flöte erinnert, gehören sie zu den sogenannten Flötenregistern.

Dünnere, enger gebaute Labialpfeifen ahmen eher den Klang von Streichinstrumenten nach, wie z.B. die „Viola da gamba".

Die Zungenpfeifen haben einen leicht schnarrenden Klang und ahmen Blechblasinstrumente nach (z. B. Trompete oder Posaune), manchmal auch die menschliche Stimme ("Vox humana").

Alle Pfeifen können einzeln oder auch zusammen gespielt werden.

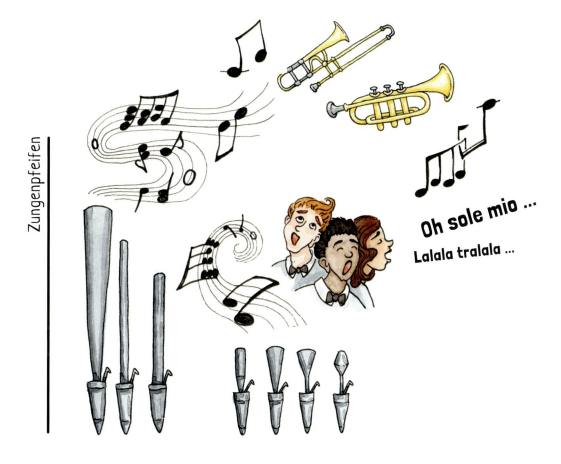

ZIMBELSTERN: Vorne an der Orgel ist ein Zimbelstern angebracht, der aus kleinen Glöckchen besteht und sich auf Knopfdruck drehen kann.

Das zaubert einen glitzernden Klang.

Von der Taste zum Ton:

Alles beginnt hier, auf den <u>MANUALEN.</u> Anders als beim Klavier, kann man bei der Orgel durch stärkeren oder sanfteren Tastenanschlag keinen Unterschied in der Lautstärke oder der Klangfarbe hervorrufen. Dafür gibt es bei der Orgel die Manuale. Das sind übereinander liegende Tastenreihen, mit denen verschiedene Klangfarben und Lautstärken gleichzeitig gespielt werden können.

<u>„Die Orgel spielen — die Orgel schlagen"</u>?

Vielleicht fragen sich manche, warum die Orgel eigentlich mit Händen und Füßen gespielt werden muss, obwohl sie doch weniger Tasten besitzt als ein Klavier, das man nur mit den beiden Händen spielen kann.

Das kommt daher, dass vor vielen hundert Jahren, als die ersten Orgeln gebaut wurden, die Mechanik noch nicht so ausgeklügelt war wie heute. Das Herunterdrücken der Tasten war damals so schwer, dass man die Tasten nur mit der Faust herunterdrücken konnte! Daher stammt der Begriff, die „Orgel schlagen", statt sie zu „spielen". Da man mit beiden Fäusten aber nur zwei Töne gleichzeitig spielen kann, hat man für die Füße das Pedal dazuentwickelt, das eine weitere Stimme, die tiefe Bass-Stimme, übernehmen konnte.

Von der Taste bis zur Pfeife ist oft ein ziemlich langer Weg zu überbrücken: Lange dünne Holzstäbchen (die ABSTRAKTEN) führen von den Tasten über verschiedene Winkel bis zur Pfeife, die klingen soll.

Die Luftzufuhr (der „Wind") wird heutzutage durch einen elektrischen Blasebalg bereitgestellt. Früher brauchte man sogenannte Balgtreter. Das waren Menschen, die mit einem Blasebalg die Luft in die WINDLADEN geblasen haben. Windladen sind die Holzkästen, die den Wind, der vom Blasebalg kommt, auf die einzelnen Pfeifen verteilt. Für eine so große Orgel wie die in St. Matthäus bräuchte man ungefähr 15 Personen, die durch Balgtreten immer für die richtige Luftzufuhr sorgen.

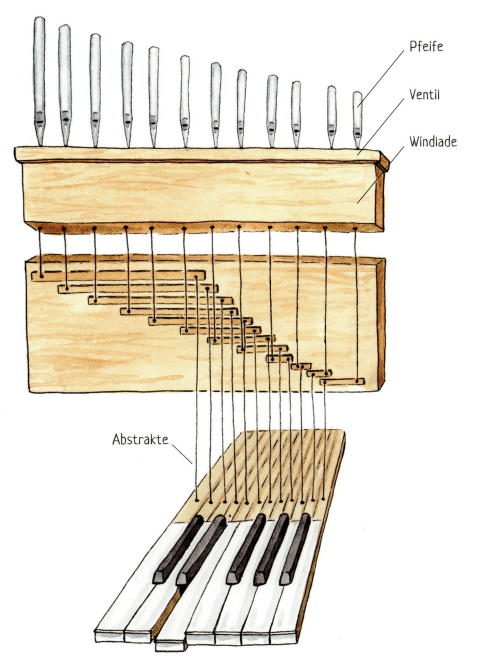

Pfeife

Ventil

Windlade

Abstrakte

Die Orgel wird oft als Königin der Instrumente bezeichnet. Das ist verständlich, denn kein anderes Instrument ist so groß! Außerdem hat die Orgel die größte Bandbreite an Klangfarben – wie beispielsweise den flötenähnlichen Klang oder den trompetenähnlichen Klang – und viele mehr! Auch hat kein Instrument so viele Abstufungsmöglichkeiten verschiedener Lautstärken: vom leisen Flüstern bis zum dröhnenden Donnergebraus.

„Cäcilie, die Orgelmaus" ...

... und die Mitwirkenden an ihrer Geschichte:

Dorothea Blösch machte nach dem Abitur eine Buchhändlerausbildung und arbeitete ein Jahr in einem wissenschaftlichen Verlag in England, bevor sie Grund- und Hauptschullehramt mit Schwerpunkt Musik und Deutsch studierte und als Grundschullehrerin tätig war.
Seit der Geburt ihrer drei Kinder unterrichtet sie Querflöte und musiziert in mehreren Ensembles. Schon seit ihrer Jugend verfasste sie gerne Texte und hat mit Ihrem lebensnahen und anregenden Schreibstil Cäcilie und Ihrer Familie Leben eingehaucht.

Anne Blösch ist die älteste Tochter von Dorothea Blösch. Sie besuchte in ihrer Schulzeit das musische Gymnasium in Erlangen, an dem sie Geigenunterricht bekam. Kunst war durch die gesamte Schulzeit hinweg neben Biologie ihr Lieblingsfach. Nach dem Abitur hat Anne Blösch eine Ausbildung zur Tiermedizinischen Fachangestellten abgeschlossen und studiert derzeit Lehramt an Grundschulen, wobei sie sich nebenbei künstlerisch ausprobiert. Das Mitwirken an einem Bilderbuch war für sie die Erfüllung eines lange gehegten Traumes.

Susanne Hartwich-Düfel ist Kantorin an St. Matthäus in Erlangen. Seit ihrem Stellenantritt 2015 hat sie sich mit großer Energie für den dringend notwendigen Orgelneubau an dieser Oratorienkirche eingesetzt. Sie unterstützte die Autorin und die Künstlerinnen mit orgel-fachlicher Beratung bei der Arbeit an dem Buch und ist die treibende Kraft hinter der Umsetzung des Buches.

Thea von Rüden, geboren und aufgewachsen in Erlangen, ist seit ihrer Jungend in ihrer Heimatgemeinde St. Matthäus aktiv. Nach ihrem Design-Studium in Nürnberg zog es sie nach München, wo sie als Art Direktorin in einer Werbeagentur arbeitet. Nicht nur beruflich beschäftigt sie sich mit Literatur — vom Layout bis zur Druckvorstufe — auch privat ist sie eine große Buchliebhaberin. Daher war sie von Anfang an begeistert von Cäcilie und von der Idee, aus ihrer Geschichte ein Buch zu machen.

**Cäcilie, die Orgelmaus
und die neue Orgel der St. Matthäus-Kirche**

1. Auflage Juli 2021

Herausgegeben von: Gemeinde St. Matthäus, Erlangen
Copyright © 2021 by Dorothea Blösch, Anne Blösch
Illustration: Anne Blösch
Satz & Layout: Thea von Rüden
Druck & Bindung: BuchDruck123

ISBN 978-3-00-068455-5